¡Sssssshhhhhhhhhhh!

Haz del teatro algo íntimo

Llévalo siempre en el bolsillo

Cubierta y diseño editorial: Éride, Diseño Gráfico
Dirección editorial: ángel jiménez

Primera edición: marzo, 2025

Whitehorse, Canada
© Juan Jiménez Estepa
© VdB®, 2025
Espronceda, 5
28003 Madrid

VdB®

ISBN: 979-13-87644-07-9
Depósito Legal: M-4384-2025
Diseño y preimpresión: Éride, Diseño Gráfico

Este libro protege el entorno

Whitehorse, Canada

Juan Jiménez Estepa

Formado como actor en el CAT y en numerosos cursos con profesionales como Alicia Hermida, José Carlos Plaza, Pablo Messiez o Fernanda Orazi. Participó como intérprete en montajes dirigidos por Marina Bollaín, *Cuerpos deshabitados*; Paco Montes, *El triciclo*; o Jose Manuel Mora, *Trevelez*. También trabajó de ayudante de dirección en el CAT, con *405*, escrita por Marilia Samper.

Tras estas experiencias diversificó su carrera dedicándose a la enseñanza con jóvenes y adolescentes. Así nació Te Idolatro Teatro, que tuvo cinco años de trayectoria, en los que escribió y dirigió obras creadas a través de un método de trabajo basado en la improvisación y centrado en personajes cercanos a los alumnos/as, en las que se hablaba de su mundo, sus inquietudes y su manera de entender la vida.

Tras ser seleccionado para participar en un seminario internacional impartido por Wadji Moauwad en la Biennale de Venecia, se centra en la escritura y la dirección de sus creaciones, formando su propia compañía, Teatro Cinco, junto a Elisa Berriozabal y Carlos Algaba, ambos intérpretes. Estrena en el circuito alternativo madrileño, entre otras, *Los hombres tristes*, *La medida exacta del universo*, *Los años elásticos* y *Cuando sea mayor*. Actualmente combina su labor teatral con la de docente de Lengua y Literatura española.

Juan Jiménez Estepa

Whitehorse, Canada

Esta obra se estrenó en la sala Nave73 de Madrid,
el 2 de noviembre de 2024, interpretada por Carlos Algaba (Alonso),
Elisa Berriozabal (La Jefa / La Amiga), Eva García-Vacas (La Madre),
Teresa Mencía (Hermana) y Patrick Martino (Jaime).

Dirección: Juan Jiménez Estepa.

Gracias a todos los miembros de Te Idolatro Teatro,
por enseñarme a escribir.

A Gerardo y Javi,
por su amistad y por tantas anécdotas.

A Elisa y Carlos,
por sostener mi vocación y mis ganas.

A Teresa, Eva y Patrick,
por su generosidad como intérpretes.

Personajes

Alonso
Jaime
La madre
La jefa
La hermana
La amiga

Nota.

Durante toda la obra, Alonso se moverá entre un mundo que imagina, en el que habita su madre, y la realidad.

Alonso es un hombre complejo: vital, imaginativo y enérgico, pero también inmaduro y lleno de miedos. Esta es la historia de un viaje soñado y de una(s) despedida(s), de la(s) que él es el protagonista.

Prólogo.

En escena vemos a Alonso *y a los otros personajes, sentados o de pie, alejados del protagonista. Este se dirige al público. Toda la incertidumbre y el deseo que mostrará a lo largo de la obra está en esos momentos en su mirada.*

Alonso   Los recuerdos que no has vivido son como
                                  [nubes.
    Nubarrones oscuros que nunca desaparecen.
    A mí me encantaban los días de lluvia.
    Siempre me encantaron.
    Ahora no.
    Pero sé que hay una manera
    de que la llovizna que no deja de calarte
    pare.
    Solo tienes que elevarte
    por encima de esa nube oscura
    cargada de lluvia.
    Los recuerdos que no has vivido son nubes
                                     [oscuras.

Canada (I).

En esta escena, entramos por primera vez en el mundo imaginario de Alonso. La Madre *se coloca un pañuelo y se arregla frente a un espejo. Es una mujer vital, bella y elegante.*

ALONSO   Cuéntame cosas de Whitehorse.

LA MADRE   ¿Otra vez? Te las he contado mil veces.

ALONSO   Me da igual. Háblame de la aurora boreal, de las cosas mágicas que pasaban cuando se veía la aurora.

LA MADRE   Podía pasar cualquier cosa.

ALONSO   Cualquier cosa que desearas, ¿verdad?

LA MADRE   Sí.

ALONSO   *(Le susurra al oído lo que ha de decir.)* Cada vez que se vea la aurora boreal estaré contigo.

LA MADRE   Cada vez que se vea la aurora boreal estaré contigo.

ALONSO	¿Vamos a ir alguna vez allí juntos? (LA MA-DRE *no contesta. De nuevo,* ALONSO *le indica a* LA MADRE *—imaginada— lo que tiene que contestar.*) Irás, claro que sí.
LA MADRE	Irás, claro que sí.
ALONSO	¿Juntos?
LA MADRE	Allí todos los sueños se cumplen. Allí fui muy feliz.
ALONSO	Porque hacía frío y porque todo era mágico. Y perfecto.
LA MADRE	Casi. Faltabas solo tú para que lo fuera.
ALONSO	¿Y cuándo no había aurora boreal? ¿Sucedían cosas mágicas?
LA MADRE	No tantas, pero hacía menos frío y salíamos a la calle…
LA MADRE /ALONSO	(*A la vez.*) … a bailar y a cantar.
ALONSO	Por eso bailas tan bien.
LA MADRE	Sin duda. Bailé mucho allí. La española baila genial, decían. (ALONSO *cierra sus ojos.* LA MADRE *lo besa en la frente suavemente, con mucho amor.*)

Jaime (I).

JAIME y ALONSO están hablando animadamente, tras lo que parece el final de una primera cita. Un primer encuentro en el que han estado juntos y han conectado.

ALONSO   Me quiero ir.

JAIME   ¿Te lo impide alguien?

ALONSO   No, me encantaría hacerlo. Pero no quiero mantener contacto con nadie. Quiero desaparecer completamente.

JAIME   Eso es una canción de *Radiohead*.

ALONSO   ¿La conoces?

JAIME   Claro. *Kid A*. Es un discazo.

ALONSO   El mejor de *Radiohead*.

JAIME   Perdona, te he cortado el hilo. Decías...

ALONSO   La verdad, es que da igual. No te conozco de nada. Bueno, ya me entiendes, de casi nada. No sé ni por qué he empezado a contarte esto.

JAIME   Porque los desconocidos se cuentan esas cosas.

ALONSO   ¿Qué cosas?

JAIME   Las cosas que no cuentas a nadie. Decías que querías desaparecer completamente. Como en la canción de *Radiohead*.

ALONSO   Bueno, en realidad, lo que quiero hacer tiene poco que ver con la canción de *Radiohead*.

JAIME   ¿Qué quieres hacer?

ALONSO   Desaparecer completamente. *How to disappear completely*. El título de la canción. Eso es lo difícil. ¿Cómo hacerlo? Es fácil irse. Desaparecer… no tanto.

JAIME   No entiendo una mierda lo que estás diciendo.

                  (Ríen.)

ALONSO   Vale. Concreto la cosa. Para que me entiendas. Para entenderlo yo.

JAIME   Venga.

ALONSO   Quiero empezar de nuevo. Y cortar todos los lazos. Con mi ciudad, con la gente que quiero. Con mi familia. Con todos. Si quieres empezar de nuevo no puedes mantener nada atrás. Y eso cuesta. Mucho. Te tienes que ir muy lejos para ello.

JAIME   ¿De verdad lo ves necesario?

ALONSO   Para empezar completamente de nuevo, sí.

JAIME   Suena a reto. No sé. Siempre puedes decir a la gente «me voy, no me llaméis». No te tienes por qué ir muy lejos.

ALONSO   No es fácil de hacer. Por eso, quizás la única manera de desaparecer y que no te busquen es irte muy lejos.

JAIME   ¿Eres escritor? Parece el argumento de una novela.

ALONSO   No, qué va. Es algo que voy a hacer. Ya tengo a dónde irme. Pero tengo que despedirme bien, sí. Por mí y por ellos.

JAIME   Yo soy poeta.

ALONSO   ¿De verdad?

JAIME   (Sonríe.) No, pero escribo versos cada día. En mi cuaderno secreto.

ALONSO   Léeme uno.

JAIME   No, «cuaderno secreto». Pues le vas a tener que contar a los demás lo que me estás contando a mí. No lo entenderán, supongo.

ALONSO   No es fácil. Despedirse es complejo. Hay que cerrar capítulos, completamente. Eso puede incluir hacer daño.

JAIME   Vaya.

ALONSO   Más daño.

JAIME   ¿Más? ¿Por qué?

ALONSO   Porque decirle a alguien que te estima o aprecia que quieres irte muy lejos y que, quizás, nunca más te vas a relacionar con él, le va a doler. Si además quieres cerrar el libro del todo, y le dices cosas que necesitas decirle, será más doloroso. Aunque eso no sé si me atreveré a hacerlo.

JAIME   ¿No es todo esto muy egocéntrico?

ALONSO   Muchísimo.

JAIME   ¿Y te sentirás bien haciéndolo?

ALONSO   Completamente. Me sentiré bien siendo egocéntrico. ¿Sabes? Tú no me conoces. Siempre me he sentido bien haciendo las cosas bien. Estoy harto. Y no puedo empezar de nuevo de otra manera. Y haré este acto tan egocéntrico.

(*Pausa.*)

JAIME   ¿Y adónde te irás?

ALONSO   Me voy a Canadá. A Whitehorse.

JAIME   Creía que te ibas a poner más misterioso. «Me iré a un bosque, pero no te puedo decir a cuál. Viviré en medio de la naturaleza. Perdido…».

ALONSO   Qué tópico. Aunque es parte de la verdad. Me voy a Canadá.

JAIME   Pues antes de que cojas el avión, quedamos y me cuentas cómo te ha ido. Cómo han sido esas despedidas. ¿Vale?

ALONSO   Venga, trato hecho.

JAIME   Bueno, si quieres llamarme en estos días también puedes… Para contarme cómo lo estás haciendo.

ALONSO   No sé. Lo mismo lo hago.

JAIME   Pero quedaremos antes de que te vayas.

ALONSO   Si te llamo por teléfono y te voy contando no va a hacer falta.

JAIME   Sí, te hará falta despedirte de mí.

ALONSO   Hostia, pues es verdad.

El trabajo.

ALONSO *entra en el despacho de* LA JEFA, *la directora de un colegio privado, con gesto incómodo y amable. Ella lo espera con una sonrisa tensa en el rostro y visible disgusto.*

LA JEFA   No te puedes imaginar el disgusto que me he llevado cuando vi ayer el correo. Se me hizo un nudo en el pecho. Porque puedo entender que alguien quiera dejar su trabajo, pero la pena que sentí ayer por la tarde ni te la imaginas. En domingo, además.

ALONSO   Yo quería programarlo para hoy por la mañana, pero lo envíe sin querer.

LA JEFA   (*Lo invita a sentarse.*) No, si lo que yo no entiendo es que lo hicieras por correo en vez de venir a hablar.

ALONSO   Me explico mejor por correo.

LA JEFA   Una pena inmensa. Hubiera llorado si yo fuera de llorar fácilmente. Pero ganas no me faltaron. Todavía las tengo. Te tengo aquí delante y ¡qué pena! De verdad, Alonso, qué pena. Además, no es que pidas una excedencia, es

que te vas. Así. Haces chas y desapareces…
a mitad de curso. Yo entiendo que todo el
mundo tiene derecho a darle un giro a su
vida. Pero ¿tú estás seguro?

ALONSO   Por supuesto, lo he pensado mucho.

LA JEFA   Eres uno de los mejores profesores que tenemos en la plantilla.

ALONSO   ¿Sí? Gracias, nunca lo he tenido claro.

LA JEFA   ¿Por qué?

ALONSO   Porque nunca lo entendí así, la verdad.

LA JEFA   No entiendo por qué. Aquí todos te quere-
mos mucho.

(*Se sienta.*)

ALONSO   Tengo claro por lo que me voy, lo he dejado
claro. Y creo que lo has entendido, con lo del
giro a mi vida.

LA JEFA   No tienes por qué dejar el curso a la mitad,
Alonso, a la mitad.

ALONSO   Es el momento de irme.

LA JEFA   Insisto en que es respetable abandonar un
trabajo y no me corresponde a mí entender,
o no, las razones pero estarás de acuerdo

conmigo en que no es muy responsable no esperar a final de curso. Dejarlo a la mitad.

ALONSO   Es el momento de irme, Maruchi.

LA JEFA   ¿Por qué? Supongo que tienes ya otro curro apalabrado. Tampoco sé dónde, no dices a dónde te vas.

ALONSO   Yo creo que no tengo por qué decirlo.

LA JEFA   ¡Por supuesto! Solo intento entenderlo, por los años que llevamos trabajando juntos.

ALONSO   Bueno, yo creo que he dicho todo lo que tenía que decir. Me voy.

LA JEFA   Insisto, una lástima. Yo respeto tu decisión, pero te pido que lo pienses.

ALONSO   No.

LA JEFA   No hace falta que estés tan tenso.

ALONSO   No lo estoy.

LA JEFA   Sí, sí, sí lo estás. Yo te conozco, Alonso, y tú estás tenso.

ALONSO   Sabré yo cómo estoy mejor que tú.

LA JEFA   Estás tenso.

ALONSO   Sin duda, me estoy poniendo tenso.

LA JEFA   Lo ves, yo te conozco y tensión ahora mismo
            no te falta. No lo estés, tenemos confianza para
            hablar sin tensión. ¿Has tenido algún proble-
            ma que no sepa?

ALONSO   Alguno ha habido, pero no importa.

LA JEFA   Habrán sido minucias. Hay muy buen am-
            biente en este colegio.

ALONSO   (En voz baja.) Bueno…

LA JEFA   ¿Cómo?

ALONSO   Nada, nada.

LA JEFA   Tenemos confianza, Alonso. Tú no estés ten-
            so y dime si ha habido algún problema.

ALONSO   Algunos ha habido.

LA JEFA   ¿Cuáles?

ALONSO   No quieras que me meta en ese jardín, Ma-
            ruchi.

LA JEFA   Yo siempre te he defendido delante de todo
            el claustro y delante de los padres. Si un pa-
            dre protestaba, yo estaba allí…

ALONSO   ¿Sí?

LA JEFA   Sí. ¿Lo dudas?

ALONSO   Nunca he tenido esa sensación.

LA JEFA   ¿Estás cuestionando que te hayamos defendido? No, eso no lo cuestiones.

ALONSO   Bueno, sí, un poco. Pero, insisto, no me voy por nada de eso.

LA JEFA   ¿Por nada de qué?

ALONSO   No tenemos que seguir hablando de esto.

LA JEFA   Quiero entender, Alonso.

ALONSO   Te estás poniendo tensa.

LA JEFA   Yo no me estoy poniendo de ninguna manera.

ALONSO   Pues yo lo estoy notando.

LA JEFA   Mira, Alonso, déjate de tonterías y habla claro.

ALONSO   Uno no se puede encontrar a gusto enseñando si no se le deja enseñar a su manera.

LA JEFA   ¿Qué manera?

ALONSO   Aquí me he ocupado de mi asignatura más de diez años. Los resultados académicos han sido siempre buenos. No todos los años, pero no todas las promociones son iguales. Pero han sido buenos en general.

LA JEFA   Sin duda, ya te he dicho que hemos apreciado mucho tu trabajo. Pero no solo los resultados son importantes, Alonso. Que parece mentira…

ALONSO   Claro, es importante también que los padres estén contentos.

LA JEFA   Sin duda.

ALONSO   Mil veces lo he escuchado. Muy importante. Y parece que cuando no lo han estado tampoco me habéis defendido mucho.

LA JEFA   No sé por qué dudas eso. ¿Por qué lo dudas?

ALONSO   Sí, habéis contestado por mí varias veces intentando responsabilizarme de cosas absurdas. Se te olvida borrar tus respuestas cuando me reenvías algunos correos de los padres, Maruchi.

LA JEFA   Yo solo intento sacar el cole adelante. Y mira, si quieres que sea sincera, tampoco creo que cueste tanto no incluir en tus clases textos polémicos. Intentar mantener una disciplina y un orden. La educación no es una de tus fantasías.

ALONSO   ¿Textos polémicos? ¿En serio? ¿Opinas como los padres entonces?

LA JEFA   Yo no estoy diciendo eso.

ALONSO   Yo creo que sí, has dicho «textos polémicos». Son textos cogidos de periódicos, películas…

LA JEFA   No destaca la pluralidad de lo que escoges.

ALONSO   Lo mismo mi método es provocar, ¿lo has pensado?

LA JEFA   Pues te haces político y no profesor.

ALONSO   ¿En qué quedamos? ¿Soy o no buen profesor?

LA JEFA   Todo depende del lugar desde donde se mire.

ALONSO   Desde luego. También puedes dirigir una empresa y no un colegio.

LA JEFA   Por desgracia, la educación también es un negocio.

ALONSO   Sin duda, sin duda. En este colegio más.

LA JEFA   Es un colegio privado y los padres pagan. Y hay que aguantarlos, sí. Y tú eres demasiado… sincero. No podía dejarte contestar a según qué cosas a según qué padres.

ALONSO   Nunca me ha faltado educación, ni para con-
              testar a los padres, ni para contestar a mis
              compañeros, ni a mis jefes. *(Se levanta.)*
              Dime un solo momento en el que haya con-
              testado algo sin defender educadamente en
              lo que creo. Tengo muchísima vocación,
              pero estas cosas me la han matado. Tenía
              mucha vocación.

LA JEFA   *(Se levanta también.)* Haberte presentado a
              las oposiciones. Si es que de verdad tienes
              vocación. Que parece que no, porque dejas
              a tus alumnos tirados a mitad de curso. A
              mitad, Alonso.

ALONSO   ¿De verdad quieres que me lo piense? ¿Que-
              darme en el cole?

LA JEFA   Por supuesto, para no dejar tirados ni a los
              alumnos, ni al colegio.

ALONSO   Estabais deseando libraros de mí. Mira qué
              fácil, sin despido ni nada. Me voy.

LA JEFA   En mitad de curso.

ALONSO   Cuando me da la gana.

LA JEFA   Ni irte lo sabes hacer bien.

ALONSO   Ni en una situación como esta sabes ser bue-
              na jefa. Cada vez te veo más tensa, por cierto.

LA JEFA   Pues nada, no hay más que hablar.

ALONSO   No hay más que hablar.

LA JEFA   Te deseo mucha suerte.

ALONSO   La tendré.

Jaime (II).

Un nuevo encuentro de ALONSO *con* JAIME, *esta vez paseando en un parque.*

JAIME   He soñado que iba a un sitio del norte, con mucho frío.

ALONSO   ¿Whitehorse?

JAIME   No. *(Sonríe.)* Parecía una playa asturiana.

ALONSO   Me encanta Asturias.

JAIME   Podías irte allí. Yo tengo una casa. Bueno, la comparto con mis hermanas. Era de mi tía y la heredamos.

ALONSO   ¿Y qué pasaba en el sueño?

JAIME   No recuerdo bien con quien estaba. Con bastante gente. Íbamos por unos acantilados y bajábamos a una playa. Allí también había gente. Pero era invierno y hacía mucho frío. Y yo quería bañarme. Y las personas con las que iba me decían que era una locura. Pero yo veía a un niño nadando. Y pensaba «si él puede, yo puedo». Y me desnudé y me metí. Y…¡qué gusto!

ALONSO   Odio el agua fría.

JAIME   A mí la verdad es que me encanta. Veo agua y me tengo que meter. Me da igual lo fría que esté. Hubiera hecho lo mismo que en el sueño.

ALONSO   ¿Apuntas los sueños en tu «cuaderno secreto»?

JAIME   No, los sueños no. Escribo sobre lo que me rodea. Las pequeñas cosas que me llaman la atención.

ALONSO   ¿Cómo qué?

JAIME   El *Air Fryer*.

ALONSO   ¿El *air fryer*? ¿Haces un poema sobre el *air fryer*?

JAIME   Sí, he hecho unos cuantos.

ALONSO   No te creo.

JAIME   A mí el *air fryer* me hace feliz, ¿por qué no le voy a hacer un poema al *air fryer*? Que sí, que también me hace feliz un día soleado, y también he escrito cositas sobre estar a gusto en el parque en un día soleado. O sobre meterme en el agua fría de un río en la montaña. Pero a mí el *air fryer* me parece un invento maravilloso. Tiene cabida en mi cuaderno secreto.

ALONSO   ¿Y tu sueños?

JAIME   ¿Mis sueños qué?

ALONSO   ¿Tienen cabida en el «cuaderno secreto»?

JAIME   Es que sabes, yo tengo pocos sueños. Puede que ninguno. No tengo un «Whitehorse».

ALONSO   Eso es por tu carácter.

JAIME   Ya.

ALONSO   O porque has tenido una vida fácil.

JAIME   ¡Y una mierda! ¿Tú has tenido una vida difícil? No lo creo. Simplemente hay gente soñadora y gente que no lo es.

ALONSO   Gente conformista.

JAIME   Pues no lo sé. Hay que trabajar duro para que la zona de confort sea confortable. Lo mismo soñando, soñando, no mueves un dedo.

ALONSO   No lo dirás por mí, yo me voy. Acabo de dejar el trabajo.

JAIME   No, no lo digo por ti.

ALONSO   Hay que ser muy valiente para dejar un trabajo tal y como están las cosas.

JAIME   No te lo discuto. No te pongas tenso, ¿no? Que te vas en nada.

ALONSO   Qué pendiente estáis últimamente todos con mi tensión.

JAIME   Perdona.

(Pausa.)

ALONSO   A ver cómo me adapto a otro trabajo.

JAIME   No sé. Seguro que bien, a todo se le puede sacar partido. Y siempre puedes cambiar. ¿No te hubiera gustado dedicarte a otra cosa?

ALONSO   Bueno, la verdad es que quizás, sí. No, de verdad. Pero he imaginado muchas cosas.

JAIME   ¿Cómo qué?

ALONSO   Ser pastelero. Se me da muy bien la pastelería. Hacer bizcochos, galletas, tartas…

JAIME   Qué rico.

ALONSO   También hubo un tiempo en el que soñaba que era actor.

JAIME   De eso es muy difícil ganarse la vida.

ALONSO   Por eso era un sueño. ¿Y sabes lo que me gustaría ser? Guitarrista.

JAIME   ¿Tocas la guitarra?

ALONSO   No, pero hemos quedado en que soy un soñador. Un bar canadiense. Calentito. Un piano. Yo ahí contratado. Van los amigos, por supuesto. Y me piden canciones. Y cantamos.

Canadá (II).

ALONSO, *de nuevo, imagina que su madre está con él. Ella y sus historias son un recuerdo construido/inventado a lo largo de muchos años de ausencia y amor.*

ALONSO   ¿Tuviste que trabajar en Whitehorse?

LA MADRE   Pues claro, a ver qué te crees.

ALONSO   No sé. Creo recordar que me contaste que eras muy joven.

LA MADRE   ¿Y qué? Yo he trabajado desde que tuve uso de razón. Pero he sido muy emprendedora siempre. Yo nunca me estaba quieta.

ALONSO   ¿Y en qué trabajabas?

LA MADRE   En tantas cosas que ni te sabría decir todas. Pero había dos que eran mis favoritas. En el bingo y en un puesto de gazpacho.

ALONSO   ¿Gazpacho?

LA MADRE   Y salmorejo algunas veces. Las dos cosas. Pero más gazpacho. En verano. Los días buenos.

Esos en los que se llega a veinte grados, un par de semanas o tres de verano. El frutero del mercado me dejaba ponerme en su puesto con dos cántaros y vendía vasitos de gazpacho…Y la gente decía «qué coño hacía allí la española con dos cántaros».

ALONSO   Y te preguntaban… *(Escenifica lo que supuestamente ocurría en aquellos tiempos de los que habla* LA MADRE.*) Excuse me, what's in that jar?*

LA MADRE   Gazpacho.

ALONSO   Gazpacho… *What is gazpacho?*

LA MADRE   *A Spanish drink. Very refreshing. It's made with tomato, cucumber, olive oil, vinegar, onion, garlic, pepper, a little bit of bread and some water… Do you want to try it?*

(Le da un vasito de gazpacho.)

ALONSO   *Oh, it's delicious.*

LA MADRE   *I'll pour you a glass.*

ALONSO   *This is so tasty.*

LA MADRE   *In Spain we feed ourselves with gazpacho all summer long. I'm going to drink one glass myself, I'm thirsty. English makes me thirsty…* se gasta mucha saliva hablando inglés. *(Beben gazpacho.)* Ya ves, un éxito el gazpacho.

ALONSO   ¿Y nunca tuviste una vocación?

LA MADRE   ¿Una qué?

ALONSO   ¿Vocación? ¿No sabes lo que es?

LA MADRE   Claro que lo sé, tonto. Pero eso de la vocación es un engañabobos. Y tú siempre has sido muy tonto, hijo. Hay que trabajar lo menos posible para vivir lo más posible.

ALONSO   Pero se puede disfrutar en el trabajo. Eso también es vivir.

LA MADRE   Lo que acabo de decirte. Eres tonto perdido. Vivir es otra cosa. (*Repite lo que es casi un mantra para el personaje.*) Trabajar lo menos posible para vivir lo más posible.

ALONSO   ¿A ti te gusta bailar, verdad? Imagina que te pagaran por ello.

LA MADRE   Pues me gustaría menos y estaría deseando salir de ese sitio donde me pagan para irme a bailar al río, o al salón de mi casa.

ALONSO   ¿Qué diferencia hay?

LA MADRE   Anda, deja de plantearte esas cosas.

                (LA MADRE *le acaricia el pelo y se aleja de él.*)

Hermana.

> ALONSO *está en casa de su* HERMANA. *Todo muy desordenado. La* HERMANA *está con grandes ojeras y visiblemente nerviosa. Hay un pequeño moisés con un bebé dormido, el sobrino menor de* ALONSO.

HERMANA Me mandó esencia de flor de calabacín. La verdad es que me está sentando estupendamente.

ALONSO ¿Sí? ¿En qué lo notas?

HERMANA Estoy mejor, menos nerviosa.

ALONSO Eso está bien. *(Llama a su sobrino, que está en otra habitación.)* ¡Roberto!

HERMANA Déjalo. Ya le has dado un beso. Cuando termine los deberes, saldrá de nuevo.

ALONSO Tiene ocho años. No le exijas mucho.

HERMANA ¡Exigirle mucho! No le he exigido nunca nada. La profesora me ha dicho que tengo que poner normas y límites. Pues ya están puestos. Está acostumbrado a no hacer nada.

(Grita dirigiendo la voz hacia la habitación donde está su hijo.) Con el pequeño no me ayuda nada. ¡Nada! Nada. Cero.

ALONSO   Tiene ocho años.

HERMANA   ¿Y qué? Yo creía que le haría muy feliz tener un hermano. Pues ahora no me ayuda en nada.

ALONSO   Me gustaría hablar un rato con él.

HERMANA   No hables fuerte, que se despierta el pequeño. Normas y límites, la profesora me lo ha dicho muy claro, normas y límites.

ALONSO   Vale.

HERMANA   Pues sí, estoy mucho más tranquila. Relajada. Me hizo una sanación y me dio esencia de flor de calabacín. Con esencias y falta de higiene se mejora mucho la salud.

ALONSO   ¿Falta de higiene?

HERMANA   Sí, sí. No es que vayas hecha una guarra. Me refiero a nuestra obsesión con limpiarlo todo. El doctor Haser, en una conferencia que vi por Internet, hablaba de que él lamía el plato de la comida de sus gatos no vacunados, para que el cuerpo se acostumbre a luchar con las bacterias. Yo no tengo mascotas, pero he dejado de obsesionarme con la limpieza. Antes tú sabes que andaba loca perdida con el trapo. De *trapping* estaba yo todo el día. Ahora no. Ahora fluyo con la higiene. Y si me pongo nerviosa, uso esencias. Esencia de flor de calabacín para calmarme. Esto de las esencias está muy estudiado. Mucho.

ALONSO   ¿Sí?

HERMANA   Mucho.

ALONSO   A veces no viene mal ir al psicólogo.

HERMANA   *(Lo mira con extrañeza.)* No, no. Yo no estoy deprimida.

ALONSO   No solo se va al psicólogo cuando uno está deprimido. Yo he ido mucho al psicólogo.

HERMANA   Para ti es muy importante la salud. Siempre he admirado eso en ti. Lo mucho que te cuidas.

ALONSO   ¿Soy tu ejemplo a seguir?

HERMANA   *(Ríe.)* Ya me gustaría a mí tener el dinero que tú tienes para hacerlo. Yo tengo dos niños. Y este... tampoco; no me va a pasar nada. ¿Has visto cómo se ha ido? Importándole todo una mierda. Para mí todo el trabajo. *(Dirigiendo la voz hacia la habitación donde se encuentra «encerrado» su hijo.)* ¡Roberto, ¿estás haciendo los deberes?! ¡Cuándo termines sales a estar con tu tío! ¡Vienes, me los enseñas y juegas un rato con él!

ALONSO   Me tengo que ir en diez minutos.

HERMANA   Tengo que crear rutinas en él. Su hora de ha-
              cer los deberes es justo después de meren-
              dar. Luego ya llega la hora del baño.

ALONSO   Ya, normas y límites. Pero tú no eres de te-
              nerlo todo tan controlado.

HERMANA   Pues lo intento. Todo menos con los hom-
              bres. Ahí no voy a saber controlar nunca nada.
              Pero en lo demás, o me organizo o el tiem-
              po me come. Es muy difícil con el bebé.

ALONSO   Ya.

HERMANA   Y tú cada vez vienes menos. Hasta Roberto
              me dijo el otro día: «¿qué le pasa? ¿Ya no nos
              quiere?». Por supuesto, no veas la bronca
              que le cayó encima.

ALONSO   ¿De verdad te dijo eso?

HERMANA   A ver, que yo entiendo que no quieras venir.
              Esto es una casa de locos y ese niño siempre
              la monta cuando vienes. Mira ahora qué bien
              estamos charlando juntitos sin que nos in-
              terrumpa con alguna impertinencia.

ALONSO   Cómo nos va a interrumpir si lo tienes me-
              tido en la habitación sin salir.

HERMANA   Pues por eso no lo hace.

ALONSO   Normal.

HERMANA   Exacto.

ALONSO   Me voy a ir de Madrid.

HERMANA   ¡Ay, qué bien! A mí me encantaría viajar contigo, pero como comprenderás no puedo.

ALONSO   Puedes viajar con tus hijos.

HERMANA   ¿Con un niño de biberón y con Roberto, que le viene todo mal? ¡Sí, seguro!

ALONSO   Cuando sean mayores. O con tu nuevo novio.

HERMANA   ¿Nuevo novio?

ALONSO   Alguno aparecerá. Nunca has tenido problema para ello.

HERMANA   Y mira cómo me ha salido todo. Ya volveremos a viajar tú y yo juntos. Vamos, si tú quieres.

ALONSO   Creo que no me has entendido cuando he dicho que me voy de Madrid.

HERMANA   Pero cómo no te voy a entender. Tú tienes tu vida y yo la mía. Ya hace tiempo que me doy cuenta. Hace unos años me ayudabas mucho. Cada vez menos. Es normal, yo agradezco lo que me des, sin pedirte más. Yo he aprendido en la vida a no pedir nada a nadie. Te llamo, que me puedes contestar y venir a ayudarme, genial. Que no puedes, pues ya está.

ALONSO   Yo no siento eso.

HERMANA   Pues es una tontería. Tú tienes tu vida y yo la mía.

ALONSO   Sí, yo tengo la mía y tú la tuya. ¿Seguro que estás mejor?

HERMANA   Sí, no te preocupes. A ver, estar sola no es plato de gusto. Pero mejor sola que mal acompañada. Eso es lo que me ha tocado. Ni marido ni familia. Eso le decía a Roberto el otro día, «tú hazte a la idea de que no tienes familia».

ALONSO   ¿Cómo se te ocurre decirle eso al niño?

HERMANA   A ver, a efectos prácticos estamos solos. Tú tienes tus líos y tu vida. Su padre salió por patas de la casa, y Mario, que ha sido su segundo padre, con lo que lo quería, también. Mejor que se haga la idea.

ALONSO   Sí, mejor que se haga a la idea. *(Pausa.)* Pero las cosas se pueden explicar de otra manera, ¿no crees?

HERMANA   Yo siempre he sido muy directa. Lo que pienso, lo digo.

ALONSO   ¿Te acuerdas de cuando fuimos al Cabo de
          Gata?

HERMANA   Eso fue en otra vida.

ALONSO   Yo tenía quince años o así. Y me dijiste: «te
          pago el viaje».

HERMANA   Ni me acordaba.

ALONSO   Yo estaba en una mala época. Tú también.
          No me acuerdo quien te acababa de dejar, la
          verdad.

HERMANA   Increíble tu memoria. *(Ríe.)* No me acuerdo
          de nada de ese viaje. Bueno, de que fuimos
          por allí sí, poco más. Pero, ¿por qué te ha ve-
          nido a la cabeza?

ALONSO   Es que no me estás dejando contar. Pues eso,
          que no estábamos muy bien ni uno ni otro.
          Y yo tampoco he sido mucho de hablar. Tú
          insistías en que llevara yo la iniciativa. ¿Quie-
          res ir a la playa? ¿Quieres ir a otra playa dis-
          tinta? ¿Dónde quieres comer? Yo no quería
          hacer nada, solo descansar, tumbarme, na-
          dar en silencio. Pero tú no parabas de pre-
          guntar, una y otra vez. Decide tú, decías. A
          mí me da igual, decías. Para quejarte de mis
          decisiones una vez que habíamos ido allí don-
          de yo había propuesto. Necesitaba que te ca-
          llaras. Incluso te hice ir dos noches segui-
          das a ver *Pretty woman* al cine de verano del

pueblo. Para no escucharte. Para que por la noche me dejaras estar en silencio tranquilo. Y un día, el último día, cuando nos bañábamos en la piscina del camping me dijiste, como quien no quiere la cosa, de manera absolutamente neutra: «si llego a saber que ibas a estar así no te digo que te vengas conmigo». Yo solo sentí que me quería ahogar en la piscina, allí mismo.

Jaime (III).

De nuevo, JAIME *está con* ALONSO. *Se nota la confianza entre ambos y el amor que* JAIME *ha empezado a sentir por él, aunque se empeña en no hacerlo visible.*

JAIME   ¿Eso le dijiste?

ALONSO   Sí.

JAIME   ¿Le guardas rencor a tu hermana?

ALONSO   No, no le guardo ninguno. No es eso. Me siento culpable. Da igual, tampoco tienes por qué entenderlo. ¿Tú tienes hermanos?

JAIME   Sí. Tengo siete hermanas.

ALONSO   ¡Hala! ¿Y qué tal?

JAIME   Ni bien ni mal. Están. Las quiero. No hay conflictos. Me dan un poco de pena, son un poco tristes. Mujeres tristes. Si me voy a pasar unos días con ellas me termina entrando pena.

ALONSO   Vaya.

JAIME   Pero sin más. La pena se me pasa pronto. Son tristes, pero su vida es normal y corriente.

ALONSO   Entonces está bien.

JAIME   Pero, tu hermana, cuando se enteró de que te ibas a la otra punta del mundo, ¿qué dijo?

ALONSO   No se lo dije.

JAIME   ¿Por qué?

ALONSO   No me apeteció.

JAIME   No me jodas.

ALONSO   Pues sí, también me he propuesto hacer lo que me apetezca, y yo iba dispuesto a decírselo.

JAIME   Pero va a pensar que te ha pasado algo.

ALONSO   No, no lo va a pensar. Hablé con mi sobrino.

JAIME   ¿El de ocho años? Pero un niño no puede asumir eso, supongo… Bueno, tú haz lo que quieras con tu vida…

ALONSO   No seas bruto, no le dije eso. Le di una carta para su madre, haciéndole prometer que se la daría en un mes…

JAIME   ¿Un mes?

ALONSO   Sí.

JAIME   Pero ¿cuándo te vas?

ALONSO   ¿Te importa?

JAIME   No, es por saber la historia paso por paso.

ALONSO   Qué curioso eres.

JAIME   Deformación profesional, soy periodista.

ALONSO   Ah, no lo sabía.

JAIME   No lo habías preguntado. ¿Y tu sobrino guardará el secreto?

ALONSO   Seguro. También le dije que lo quería mucho. Que nunca lo olvidara. Que siempre tendríamos un vínculo secreto e invisible. Que un hilo, invisible, telefónico, nos uniría siempre, a los dos. También le dije «cuando seas mayor, vete de casa, no lo dudes. Lo antes que puedas. Serás muy feliz lejos, viajando». Y ya no le dije nada más porque me dio miedo echarme a llorar.

JAIME   No entiendo lo que estás haciendo.

ALONSO   Qué pesado. Como digas más eso no volvemos a quedar, no te sigo contando nada de nada...

JAIME   Vale. Pero ¿con una carta piensas que tu hermana ya no te irá a visitar?

ALONSO   Sí, lo pienso. (*Pausa.*) Oye, me voy a ir en nada.

JAIME   Lo sé.

ALONSO   Lo tienes claro, ¿verdad?

JAIME   Sí, no sé a qué viene esta pregunta. Solo hablamos de que te vas, cada vez que quedamos.

Canadá (III).

ALONSO habla sobre su madre, que está en escena inmovil, como una estatua idealizada y sonriente.

ALONSO   He olvidado su voz
Moriste demasiado pronto
Siempre es demasiado pronto para que
               [muera tu madre, ¿no?
Pero si algo no soporto es haber olvidado su
               ]voz
Su timbre
No conozco a nadie a quien le haya pasado eso
Recuerdo cada detalle de tu rostro
Su rostro es la imagen en movimiento de una
               [película muda
Un gesto amplio sin alma.
Me tengo que inventar
Su voz y sus palabras
Y siento que su voz
Es también la mía
Y que tal vez allí la recuperaré.
¡Hay tantas cosas que no sé!
Tantas cosas que no me contaste
(LA MADRE *cobra vida.*)
¿Por qué no te casaste allí?

LA MADRE   No encontré con quién.

ALONSO   ¿Tuviste novios?

LA MADRE   No, hijo, yo iba follando con quien me daba la gana.

ALONSO   ¡Mamá!

LA MADRE   Si no quieres saber, no preguntes.

ALONSO   ¿Y no te enamoraste de nadie?

LA MADRE   Claro que sí. Pero no me quiso.

ALONSO   No me lo creo.

LA MADRE   Qué bonico eres.

ALONSO   ¿Quién era?

LA MADRE   Un buscador de oro.

ALONSO   ¡Venga ya! Eso suena muy antiguo.

LA MADRE   En Whitehorse todo podía pasar. Yo solía ir al río. Él llegaba. Yo le decía «hola». Y él me decía, «hola, ¿cómo estás?». Yo le decía, «hola, estoy bien, ¿y tú?», y él sonreía. Al día siguiente, volvía y me decía… «hola, ¿cómo estás? ¿Todo bien?». Yo le decía, «igualito que ayer». Y él sonreía y decía «ajá». Al día siguiente, volvía y me decía...«hola, ¿cómo estás? ¿Hoy mejor o peor que ayer?».

ALONSO   Era parco en palabras.

LA MADRE   Eso me ponía muchísimo. Pero la cosa no avanzaba. Porque después de ocho días yendo al río él no había pasado de «hola, ¿cómo estás? ¿Cómo va la cosa?». Y poca cosa más. Así que pasé al plan de ataque. Tortitas y sirope de arce.

ALONSO   ¿Tortitas y sirope de arce?

LA MADRE   La tortita no tiene mérito. Me la traje preparada de casa. A mí me gustan mucho las tortitas de plátano y avena, no sé por qué. El plátano es que te soluciona el hambre en cualquiera de sus formas.

ALONSO   ¿Y él cuándo te vio toda esa parafernalia, qué dijo?

LA MADRE   Tengo hambre. Y yo le dije «ajá» y sonreí. La verdad es que las tortitas se hacían de maravilla. Rápidas. Vuelta y vuelta. Yo te las hacía muchas veces de pequeño, ¿te acuerdas?

ALONSO   Pero no recuerdo que le echaras sirope de arce.

LA MADRE   Claro, porque el sirope de arce hace que te enamores o te pongas cachondo.

ALONSO   ¿Qué?

LA MADRE   Sí, sí. Por qué te crees que lo toman tanto en
           Canadá. El frío, hijo, el frío. Allí la primave-
           ra no existe, así que para que se altere la san-
           gre usan el sirope de arce. Básicamente para
           ponerse cachondos. Es una cosa bárbara, una
           cucharada y te subes por las paredes. Lo que
           pasa es como de mí se enamoraban tanto,
           pues yo pensé que sirope de arce, samba y
           amor… que iba a ir una cosa detrás de la otra.
           Purrún, purrón, porrón. Así que le puse la
           tortita. Le eché sirope y me dijo: «así está
           bien, gracias». Pero yo le eché más sirope…
           Él se fue animando. Mira, ¡cómo le gustaban
           las tortitas! «Están muy buenas», me dijo.
           «El plátano me encanta. No sabía que se po-
           dían hacer tortitas de plátano». Y yo le con-
           testé: «el plátano casa con todo. A mí me en-
           canta». Y allí estuve esperando a que se lan-
           zara. Pero él seguía comiendo. Comía len-
           to. Y yo lo miraba. Y él me preguntaba que
           si yo no comía, y yo claro, cómo iba a comer,
           lo que me hacía falta a mí, sirope… Y él ven-
           ga a comer y a darme las gracias. Hasta que
           de pronto, dice, «gracias, *thank you*, gracias»
           y se va nervioso, corriendo…

ALONSO   ¿Se fue?

LA MADRE   Y tanto que se fue. Cachondo perdido, segu-
           ro. Al día siguiente ya no quiso tortitas. Lue-
           go me enteré que era gay. Mira, como tú. Lo

mismo era tu padre espiritual. Como fue el único hombre del que me enamoré, quizás ahí empecé a concebirte.

Omán.

ALONSO llega a casa de su mejor AMIGA. Con ella ha dejado a Omán, su perro, al que ha decidido no llevar a Whitehorse.

LA AMIGA   Alonso, qué temprano has llegado.

ALONSO   Toma.

                (Le da un táper lleno de tortitas.)

LA AMIGA   Pero ¿para qué te has molestado?

ALONSO   Te encantan, y a mí me encanta hacerlas.

LA AMIGA   Pues ahora mismo me voy a tomar una. ¿Tú quieres?

ALONSO   Claro.

LA AMIGA   Estás guapísimo. Qué bien te sienta el pelo así.

ALONSO   Así, ¿cómo?

LA AMIGA   No sé, lo tienes distinto. Aplastado. Muy moderno. Me gusta.

ALONSO   Pues no me he peinado hoy. Me lo quiero
                cortar. No sé cómo te gusta mi pelo así, es-
                toy horroroso.

LA AMIGA   Tú siempre has tenido muy buen pelo. Así,
                genial. Ya sabes cómo lo tienes que llevar
                siempre.

ALONSO   Ni de coña.

LA AMIGA   ¿Quieres un café?

ALONSO   No.

LA AMIGA   Un zumo…

ALONSO   No…

LA AMIGA   Nada, no quieres nada.

                (*Sale de escena.*)

ALONSO   ¿Dónde está Omán?

LA AMIGA   (*Voz en off.*) Lo ha sacado la niña a dar un
                paseo.

ALONSO   ¿Por dónde?

LA AMIGA   Por la urba. Aquí lo puede pasear sin salir de
                ella. Es una pasada vivir aquí. Yo no sé cómo
                podíamos vivir en Lavapiés, de verdad. Qué su-
                cio. Aquí en Tres Cantos se está divinamente.

ALONSO   Es bonita la casa. ¡Qué fresquita!

LA AMIGA   (*Sale a escena portando la tortita en un plato y un vaso de leche.*) El suelo refrigerante. Es una maravilla. Imagínate que en pleno agosto hay que dormir con nórdico. El de verano, claro. Yo no sé cómo podíamos vivir con el aire acondicionado...

ALONSO   Reseca mucho la garganta, eso es verdad.

LA AMIGA   Claro, es malísimo para la salud. La niña y yo estamos supercontentas en *Living*.

ALONSO   ¿Dónde?

LA AMIGA   En *Living Tres Cantos*, el nombre de la urba...

ALONSO   Solo que está un poco lejos, ¿no?

LA AMIGA   En cercanías, media hora a Sol. Media hora. Madrid está sobrevalorada. Bueno, qué te voy a contar a ti, que te vas.

ALONSO   Ya.

LA AMIGA   Pues Omán ha hecho unas migas estupendas con la niña.

ALONSO   Tú siempre has querido tener perro.

LA AMIGA   Sí, yo siempre he querido tenerlo. Y ahora ha llegado Omán.

Alonso
/La Amiga   (*A la vez.*) El mejor perro del mundo.

Alonso   Pues es una pena que no vengas a la fiesta de despedida con todos.

La Amiga   Es que me viene fatal, ya te conté. No tengo canguro para esa noche y al día siguiente madrugo mucho. Bajo a Madrid a verte antes de que te vayas, de verdad.

Alonso   Da igual, hoy cenamos juntos.

La Amiga   Y te quedas a dormir.

Alonso   Sí, claro, y me despido de Omán. Bien abrazadito, toda la noche.

La Amiga   ¿Estás seguro de que no volverás?

Alonso   Te he dicho que no. Te lo he explicado.

La Amiga   Me parece muy egoísta.

Alonso   Ya me lo dijiste. Y lo es, pero no por ti, si acaso por Omán. No le puedo dar ese trajín, está muy mayor.

La Amiga   Lo vamos a querer mogollón.

Alonso   Confío en ti.

LA AMIGA   Mira, ya se oye. Te ha olido, míralo qué feliz
            ladra.

            (ALONSO *se levanta, va hacia Omán.* LA AMI-
            GA *sale de escena.)*

ALONSO   ¡Pequeño! Omán. ¡Qué bonito eres! De pe-
            queñito dormías siempre a mi lado, tu cabe-
            za casi pegada a la mía. Yo tenía miedo de
            que me pegaras las pulgas o cualquier pará-
            sito, pero de igual manera te dejaba. Achu-
            chadito a mí. Ya tienes once años. Y yo me
            pregunto si no me podría esperar dos o tres
            más para hacer esto. Esperarme a que tú no
            estés. Porque eres lo único que realmente me
            ata aquí. A la plaza por la que te gustaba dar
            vueltas. Al árbol grande del parque donde
            jugabas. El río al que te intentaba llevar una
            vez al mes. Yo sé que vas a ser feliz, vas a se-
            guir riendo. También sé que me vas a echar
            de menos. Y es lo único que me duele. Pero
            se te va a pasar y vas a ser feliz. Más feliz que
            si te llevo conmigo. Estás enfermo, te gusta
            vivir aquí…El río queda cerca, les diré que
            te lleven. Te sabes el camino perfectamente,
            sabes que puedes cruzar nadando de un si-
            tio a otro, pero que yo tengo que esperar a
            un puente para hacerlo. Lo mismo harás con
            ellos. En la vida hay que aprender a cortar,
            pero si yo apenas lo entiendo, ¿cómo lo vas a
            entender tú? Te voy a echar mucho de menos,

Omán, más que a nadie. Llevarte allí es una locura. Podría volver por ti cuando estuviera asentado. Pero no quiero volver. Porfa, perdóname, Omán. Eres el único al que tengo que pedírselo. A ti. Te quiero mucho, pequeño. Fíjate lo que te voy a decir, no creo que haya querido a nadie como a ti en la vida.

Jaime (IV).

En un nuevo encuentro, Alonso *acaba de contar a* Jaime *que deja atrás a su perro.*

Jaime   Alonso, es tu perro.

Alonso   Sí, y me duele mucho, pero no es una cabezonada. Tú quieres que yo te cuente un drama y no lo voy a hacer. Tú quieres entenderlo todo. Pues no te lo voy a explicar. Es que tampoco eres nadie para que lo haga. ¿Cuántas veces hemos quedado?

Jaime   Nueve.

Alonso   Eso, nueve veces. No tienes que meterte en mi vida. De hecho, es una de las cosas que no quiero que haga nadie, meterse en mi vida. Es una de las razones por las que me voy.

Jaime   Siempre vas a encontrar gente que se quiera meter en tu vida. Afortunadamente. ¿Qué pasa, que no se van a meter de la manera en la que tú quieres que se metan? Eso es relacionarse.

ALONSO   Mira, esto de quedar más se tiene que terminar. Dime todo lo que quieras, luego te lo diré yo a ti. Y no tenemos por qué quedar más. Se acabó. Hoy. Si de todas formas, me voy a despedir de ti en cinco días. Pero dime cosas bonitas, por favor. Yo también te las diré.

JAIME   ¿Cosas bonitas? Me das apenas un segundo para que me despida. Me dices que diga lo que quiera, sin apenas haber tenido tiempo de conocerte. Sé que no te gusta tu vida, pero no sé por qué. Solo sé que quieres huir.

ALONSO   Dices que no me conoces, y sin embargo yo creo que sí. Que me conoces más… mucho más de lo que me han conocido amigos… en años.

JAIME   Me voy a quedar con las ganas de conocerte. Porque a mí no se me quita de la cabeza que tú te vas por algo que no cuentas y que no vas a contar. Y es imposible entenderte si no lo sé. Parece que no te dejas querer, huyes, tienes miedo a todo. Pero yo pienso, intuyo, que hay algo más. Eso es lo que me transmites. Queriendo huir pero deseando quedarte. Avisando tanto de que te vas, despidiéndote…¡vete si quieres y si no, no te vayas! Desaparece como tanta gente desaparece. Qué parece que quieres que te encañonemos y te digamos «quédate». Pues sabes que es lo peor, que nadie lo va a hacer. Te van

a decir *ciao*, qué pena, adiós, ten suerte, es-
críbenos. Porque la gente está a sus cosas.
Todos. Los que solo te conocen y los que te
quieren. Nadie es tan importante para nadie
como para interferir en su vida. Eso solo lo
hacen las madres. Y la tuya no está. Tampoco está en Canadá aunque viviera allí de joven. No está.

Canadá (IV).

> ALONSO y LA MADRE, *de nuevo. Él lleva el peso de la dificultad de las despedidas y de las dudas que está acumulando.*

LA MADRE   ¿Qué quieres comer?

ALONSO   Tortitas con chocolate.

LA MADRE   Tu desayuno favorito.

ALONSO   ¿Crees que voy a ser tan feliz como tú lo fuiste en Whitehorse?

LA MADRE   ¿Estás seguro de que yo fui tan feliz?

ALONSO   No sé. Te fuiste muy pronto.

LA MADRE   Me morí. Llama a las cosas por su nombre.

ALONSO   Te moriste, sí. Muy pronto. Pero sé que viviste allí. Sé que me contabas cosas bonitas. Un cuento cada noche, sobre tu vida en Whitehorse.

LA MADRE   ¿Qué te pasa? ¿Tienes dudas? Mira, ¿con la que estás liando tienes dudas? ¿De verdad?

ALONSO   Sí. Se está rompiendo mi sueño. Empezar de cero, de nuevo, quizás no sea tan fácil.

LA MADRE   Es que eres muy radical.

ALONSO   Ya me lo han dicho. Lo de Omán me ha roto.

LA MADRE   Por eso digo que eres muy radical.

ALONSO   ¿Tú entiendes que me duela dejar para siempre más a mi perro que a mi hermana?

LA MADRE   Perfectamente. Pero no te he llamado radical por eso.

ALONSO   Lo sé. (*Llega* JAIME, *un claro intruso en el mundo imaginativo de* ALONSO.) ¿Qué haces tú aquí?

JAIME   Tú sabrás.

LA MADRE   Hola. (*Le da dos besos.*) ¿Te gustan las tortitas?

ALONSO   Mamá, no se va a quedar. (JAIME *se sienta.*) ¿Qué haces?

JAIME   Tú sabrás.

ALONSO   No digas más eso.

JAIME   Es tu imaginación. No la mía. Tú me haces aparecer, yo aparezco. Tú me haces sentarme, yo me siento. Y ahora miro al cielo. Te gustan mucho las escenas típicas, tu imaginación está llena de lugares comunes.

ALONSO   ¿Te metes en mi imaginación y me vas a criticar?

JAIME   Yo no, te estás criticando tú. Es tu imaginación. Será que la autoestima imaginativa no la tienes muy alta.

ALONSO   Ay, cállate.

JAIME   A mandar. (*A La Madre.*) Se está bien aquí. A mí no me importaría vivir en un sitio así.

LA MADRE   Te puedes ir con él.

JAIME   Me da miedo. No me atrevo. Lo acabo de conocer. Yo lo que quiero es que él se quede.

ALONSO   ¿De verdad?

JAIME   Claro. Mira, yo ya no sé qué es lo que sale de mí y lo que sale de mi imaginación.

ALONSO   Yo lo veo muy creíble.

JAIME   Pues entonces es verdad.

ALONSO   Pero yo no me voy a quedar. (*Irónico.*) Sí, claro, el amor me hizo cambiar de planes. Ya ni tengo trabajo, dejo el piso donde vivo, Omán está a gusto con otra familia…

LA MADRE   Pues a ver si os aclaráis, si él no quiere que-
                  darse y tú no te atreves a irte, estáis apaña-
                  dos. Pero ¿os queréis?

ALONSO   ¿Qué pregunta es esa? Nos conocemos des-
                  de hace nada.

LA MADRE   ¿Y el sexo qué tal?

                  (*Aparece la* HERMANA.)

HERMANA   El sexo al principio siempre es un desastre.
                  Hasta que no pasa un tiempo…

ALONSO   ¿Tú qué haces aquí?

HERMANA   Tú sabrás.

ALONSO   No, perdona. No me cuadra que yo te ima-
                  gine aquí.

LA MADRE   Hija, cuánto tiempo. Qué descastada has
                  sido siempre. Anda, dame un beso. Hueles
                  regular.

HERMANA   Es que hoy no me he duchado, la higiene está
                  sobrevalorada. (*Le da dos besos a* JAIME.) Hola,
                  yo soy la hermana de Alonso.

JAIME   ¿No tienes nombre?

HERMANA   No, «hermana», a secas.

LA MADRE   Bueno, pues eso. El sexo, ¿qué tal?

ALONSO   Y dale…

LA MADRE   Hijo mío, qué tonto y qué serio eres con la
            vida. Es importante el sexo, por qué me voy a
            callar. A ver si te estás planteando cosas y lue-
            go no te lo pasas bien con él o es muy torpe…

JAIME   No, muy torpe no. Le pongo ganas.

LA MADRE   Las ganas son importantes, pero también la
            técnica. Y la pasión. Esto del sexo parece fá-
            cil pero no lo es tanto. Yo era muy buena, so-
            bre todo en…

ALONSO   ¡Mamá, cállate!

LA MADRE   Vale, me callo, sigo con las tortitas y me ca-
            llo. Tu imaginación quiere tener hoy una ma-
            dre típica, que cocine, que planche y que lim-
            pie el suelo. Hágase tu voluntad, entonces. Me
            callo, me callo. Aunque seguiría hablando.
            Porque callarme a mí no es fácil…

HERMANA   Siempre te pasó.

LA MADRE   Verás tú que no nos vemos nunca y vamos a
            tarifar hoy.

JAIME   ¿Y la aurora boreal?

ALONSO   Es verano, apenas se hace de noche. ¿Cómo quieres ver la aurora boreal?

JAIME   ¿No dices que en Whitehorse todo es posible? En tus historias, al menos, todo es posible.

ALONSO   Yo qué sé.

JAIME   Si me meto en tu sueño, quiero la aurora boreal.

ALONSO   ¡Que es verano, si no no estaríamos en el bosque!

LA MADRE   ¡Pues ya es invierno!

JAIME   ¿Y la aurora?

LA MADRE   ¡La aurora cuando le dé la gana salir a la aurora, coño ya! A ver si te crees que la aurora va a venir cuando a ti te dé la gana por muy invierno que sea. ¡A ver si te crees que en la vida se puede tener lo que quieras! (*Cada vez más afectada.*) ¡Pues no! ¡No! ¡No! ¡Ni aurora ni piso en la playa ni plato de gambas se tiene en la vida porque uno lo quiera! No. ¡Que hay que ganarse las cosas! Que mucho echar la primitiva, pero a uno no le toca porque uno quiera que le toque. No, no. La gente tampoco te quiere porque tú quieras que te quiera. No. Ni te dice lo que tú quieras que te diga. No, no. ¡Ni te regala un Roll Royce ni te da un paseo en yate a la luz de la luna! ¡Que no, Jaime! ¡Que la vida no es así! Ni para ti, ni para ti, Jaime. No. Ni para ti, ni para mí, Jaime. ¡Que no, coño ya…! ¡Hostias!

ALONSO   Pero ¿por qué te pones así?

LA MADRE   ¿Yo? Tú sabrás. Es tu imaginación.

(*La* HERMANA *se pone a cantar.*)

JAIME   ¿Ella canta?

LA MADRE   A mí no me preguntes, es este el que imagina. Aquí, hoy, hacemos todos lo que al señorito le dé la gana.

JAIME   Copón santo. Qué raro todo.

LA MADRE   Sí, hostia puta, ya, que mala hostia tengo.

ALONSO   Dejad de decir palabrotas. Vosotros no habláis así normalmente.

LA MADRE   Vamos a comer tortitas.

HERMANA   Estoy a dieta. No tomo gluten.

LA MADRE   Pues si no quieres tortitas, come mierda.

(*Aparece* LA AMIGA.)

LA AMIGA   Ay, tortitas, me encantan.

LA MADRE   Hala, pues ya hay quien se coma la tortita.

ALONSO   ¿Más tranquila?

LA MADRE   *(Muy tranquila.)* Yo, ¿cuándo he estado yo nerviosa?

ALONSO   Vale, ahora vamos a comer las tortitas en silencio. Bueno, con esta cantando.

    (La HERMANA vuelve a cantar mientras LA MADRE sirve las tortitas en unos platos y los reparte. Cuando termina de servirlas, coge un bote de sirope de arce y se dirige a JAIME y ALONSO.)

LA MADRE   Pero perdonad la intromisión en esta idílica escena de comida de tortitas a la luz de la luna, esperando a que aparezca la aurora boreal y con una señora cantando bonito: ¡echadle sirope!

ALONSO   No, para mí no.

JAIME   Para mí sí.

ALONSO   Mejor chocolate.

JAIME   Mejor sirope.

LA MADRE   ¡Sirope para los dos!

LA AMIGA   Yo quiero sirope.

LA MADRE   Tú te callas.

ALONSO   Yo no quiero sirope. Tú tampoco. Sirope con
            mi madre delante, ¡no!

JAIME   Pero es lo típico, ¿no?

ALONSO   Échale lo que quieras. El sirope pone cachon-
            do.

JAIME   ¿Qué tonterías estás diciendo?

LA MADRE   Sirope.

JAIME   Venga, sirope

            (*Le echa el sirope. Comen. Escuchan la can-
            ción. Aparece la aurora boreal. Los personajes
            van saliendo de escena hasta que queda solo la*
            HERMANA *y* ALONSO.)

Hermana (II).

HERMANA   Mamá no era así.

ALONSO   Sí.

HERMANA   No, no. Me acuerdo. Y tú también. Tan pequeño no eras cuando murió. Lo que pasa es que tu cabeza lo cambia todo. Lo quiere cambiar todo. Mamá no era así, andaba muy lejos de ser así, ella no...

ALONSO   Son mis recuerdos.

HERMANA   *(Con ironía.)* Sí, claro, tus recuerdos. Mejor así, sin duda. *(Pausa.)* ¿Y esa carta?

ALONSO   ¿Qué carta?

HERMANA   ¿Esa carta que me has mandado?

ALONSO   Le dije que te la diera cuando me fuera.

HERMANA   Es un niño. ¿Te crees que un niño puede guardar un secreto?

ALONSO   Era una despedida. Me voy muy lejos.

HERMANA   Sí, ¿a Whitehorse? Otra fantasía tuya.

ALONSO   Intenté hablar contigo y contártelo.

HERMANA   ¿Cuándo?

ALONSO   Cuando fui a tu casa.

HERMANA   Déjate de tonterías, me hablaste de un viaje…

ALONSO   (*La interrumpe.*) No me dejaste que te explicara.

HERMANA   Uy, qué mentiroso. Vienes y me dices «eh, eh, escucha», y si yo sigo a mi bola, me dices «que me escuches, coño». Así yo me doy cuenta de que me quieres decir algo importante. Pero estabas bla, bla, bla, así, hablando bajito y te pusiste a contar historias que ni me acuerdo que pasaron…

ALONSO   Eres buena no enterándote de las cosas… y olvidando.

HERMANA   Alonso, ¡no he venido a pelearme contigo!

ALONSO   No lo parece.

HERMANA   Te voy a echar de menos.

ALONSO   Vale.

HERMANA   Te voy a echar mucho de menos.

ALONSO   Ya me lo has dicho.

HERMANA   ¡Mucho! *(Pausa.)* Y lo siento.

ALONSO   ¿Sientes el qué?

HERMANA   No ser una buena hermana.

ALONSO   Yo tampoco he sido un buen hermano.

HERMANA   No sabes lo que es ser madre, no sabes lo que es estar sola siéndolo, sin que nadie te ayude. No sabes lo que es el baile de cada noche cuando no duermes y no sabes sofocar un llanto. Eso vuelve loca a cualquiera. Pero no te preocupes, te entiendo. Entiendo cómo te sientes. Y entiendo que te vayas, a mí me gustaría hacerlo. Pero te voy a echar de menos. Déjame, al menos, que me imagine que puedo ir a verte. Me hacías renunciar a eso en la carta. No tienes que insinuar mil veces que vas a estar tan lejos que probablemente nunca más nos veremos… en una carta… ¡Qué necesidad hay de dejar tan claro que no quieres verme! Haz las cositas con un poco más de normalidad.

ALONSO   Lo siento. Todo se me hace muy difícil.

HERMANA   Pues todo es muy sencillo, de verdad. Tendrías que haber hecho el curso de reiki cuando te lo dije. *(Pausa.)* Alonso, tienes una buena vida. Eres listo, eres guapo, tienes un trabajo muy bueno.

ALONSO   Tenía.

HERMANA   ¿Habrás pedido excedencia?

ALONSO   No.

HERMANA   La madre que te parió. Bueno, tienes mucha
experiencia, podrías encontrar trabajo en otro
instituto.

ALONSO   Estoy harto de mi trabajo. Ya no tengo vocación.

HERMANA   ¡Y yo estoy harta de limpiar mierda al niño! Y
es lo que me ha tocado. ¿Vocación? Vaya tontería, lo que tienes es que ganar pasta para
irte cada fin de semana a la playa, coño. En
fin, que es tu vida. Que hagas lo que quieras. Yo contaba con tenerte más cerca. Y más
ahora que se me complican las cosas.

ALONSO   ¿Qué cosas?

HERMANA   Ya te lo escribiré en una carta.

ALONSO   No seas puñetera. Esa es otra especialidad
que tienes, decir las cosas a medias para ha-
cerme sentir culpable.

HERMANA   Por supuesto, todo lo que hago es para provocar algo en el señor sensible. ¡Como si tú
contaras mucho las cosas! No es nada. Hay
épocas más difíciles y épocas más fáciles. Y

yo ahora voy a entrar en una más difícil. No, no, no voy a montar ningún drama. Cuando nos alejamos de las personas sabemos perfectamente que estas pasarán buenas etapas, regulares y peores. Yo no he esperado nada de ti ni ahora lo espero, ¿cuándo te he pedido yo ayuda? Pero tampoco me hagas sentirme mal por decirte que ahora te quiero un poco más cerca, un poquito nada más...

Final.

LA AMIGA   ¿Mañana?

ALONSO   Sí. (*Se abrazan.*) Vuelo a Toronto. De allí co-
             geré la caravana. Estaré viajando durante un
             buen tiempo. (*Pausa.*) Perdóname, ya sé que
             te dije que no nos íbamos a ver más, pero no
             sé cómo terminar de despedirme.

LA AMIGA   Ya.

ALONSO   ¿Cómo está Omán?

LA AMIGA   Estupendamente. Es el perro más bueno que
             he visto en mi vida. Yo creo que es feliz. La
             niña lo adora.

ALONSO   Sí, lo sé.

LA AMIGA   Uy, quiere más al perro que a su madre…

ALONSO   Qué exagerada.

             (*Pausa.*)

LA AMIGA   Alonso, siempre hay un momento en el que
             volverse atrás.

ALONSO   Lo sé.

LA AMIGA   ¿Qué echarás de menos?

ALONSO   Un poquito, aunque no te lo creas, a mi hermana. Mucho a mi sobrino. Muchísimo a Omán. Y también a ti, por supuesto, eres mi mejor amiga.

LA AMIGA   ¿Y al chico que conociste?

ALONSO   Supongo que también, la verdad es que lo he conocido en un mal momento, justo cuando decidía irme. Pero obviamente no soy tan absurdo como para cambiar todo lo que voy a hacer por alguien al que conozco hace dos meses.

LA AMIGA   Tú siempre has sido mucho de soñar. Podríais intentar tener una relación a distancia.

ALONSO   ¿Whitehorse-Madrid? ¿En serio?

LA AMIGA   Ya podías haberte ido a Londres.

ALONSO   Sí, claro, para empezar de nuevo.

LA AMIGA   Sabes que eres muy cabezón y desesperante, ¿verdad? Y, además, no te veo muy feliz. Digo yo que si te hiciera ilusión lo que vas a hacer no estarías así.

ALONSO   Es normal que esté nervioso...

LA AMIGA   Parece que vas de funeral y no a iniciar esa
            nueva vida...

ALONSO   Tengo que cumplir lo que me he propuesto.
            Lo que quería. Nunca lo he hecho.

LA AMIGA   Uy, si tú siempre has hecho lo que te da la
            gana. Eres de las pocas personas que conoz-
            co que siempre ha hecho lo que le ha dado
            la gana.

            (*Pausa.*)

ALONSO   Va a salir bien.

            (*Es una afirmación, pero sus ojos preguntan.*)

LA AMIGA   Vale.

ALONSO   De verdad.

            (*Es una afirmación que necesita de otra.*)

LA AMIGA   Vale. (*Pausa.*) Y si te arrepientes esta noche,
            completamente, o mañana, o cuando llegues
            allí, ¿qué harás?

ALONSO   No puedo irme pensando en que me voy a
            arrepentir.

LA AMIGA   Sí puedes, claro que puedes.

ALONSO   ¿Para qué?

LA AMIGA   Imagínatelo, conmigo. Te gusta imaginar. No me digas que te va a dar miedo imaginar ahora…

ALONSO   (*Comienza el monólogo mirando a* LA AMIGA, *pero en un momento dado se volverá hacia el público. Los demás personajes irán llegando a escena, para colocarse en una posición similar a la que tenían al comienzo. Todos excepto* LA JEFA.) No me voy a arrepentir esta noche. Eso no. Imposible. Voy a coger el avión. Voy a coger la furgoneta. Voy a viajar con ella. De Toronto a Whitehorse. Durante más de un mes. Imagino que no habrá cobertura en muchos puntos, pero te llamaré. Para preguntarte cómo está Omán. Y tú no me querrás decir que me echa de menos. Yo sí lo echaré mucho de menos. Y, durante ese viaje, antes de llegar a Whitehorse, empezaré a pensar en mi sobrino. Incluso, empezaré a pensar en mi hermana. La llamaré también, cada dos días, para preguntarle cómo se encuentra. Para mi sorpresa, querré estar con ella. (*Sonríe.*) Un ratito, no mucho. Pensaré en llamar a Jaime, pero no lo haré. En cierta manera, también lo echaré de menos. Aunque sé que quizás él no sea, quizás solo sea «la sombra del amor que en mí existe». Seré muy feliz en ese viaje. Porque no habrá ruido. ¿Sabes lo que es estar siempre oyendo un ruido que no te deja escuchar? Escuchar lo importante. Pues el ruido cesará. Y sabré que la vida nunca, nunca, nunca será cómo yo quiero que sea. Y,

por primera vez, me dará exactamente igual.
Y entonces, decidiré.

(ALONSO *se acerca a cada uno de los personajes y estos les dan una prenda de ropa. Se mi-
ran con mucho cariño. Se vuelve hacia el público, con las prendas en las manos. Mira el
público con intensidad, con amor, con dudas…*)

Oscuro.

Fin.

Esta edición de *Whitehorse, Canada*
de Juan Jiménez Estepa, terminó de imprimirse
en marzo de dos mil veinticinco,
en Madrid.